PIENI
PANIIKKI☂
ATLAS

PIENI PANIIKKI♣ ATLAS

JOUKO KIVINEN

Valinnat:

s. 9   Kompassi — Vuorovedet — Teatteri
        — Varmuusköydet — Me

s. 17   Kirjaviisautta

s. 21   Viran puolesta — Tikitys — Kahvila —
        Levottomuus — Kivitalot ylös — Jotakin elegistä
        — Sunnuntai — Glögiä — Matkalla —
        Haihtuvainen ruumis — Saumoja ilmassa —
        Joukkopalo — Hidasta urkumusiikkia —
        Maanantai — Mapit — Kohina — Lyijyä

s. 41   Lisää kirjaviisautta

s. 47   Hän — Tämän kaiken voit — Tiistai —
        Meidän pikku kätösemme — Kompassitölkki
        — Kuoriaiset — Tuska — Vetyä ja höyryä —
        Korkeajännite — Rakeisten kuvien tuli —
        Vaikea muistaa — Askelta edempänä —
        Kun palaat joskus

1

Hiiohei, on kompassin vesi pilannut
hämärä läiskyy ylitse ja touvit kaikki katkenneet

Siis unettomiin öihin!

Päässä sekavaa pientä ikävää
joka ei katoa, unohdukseen jota ei tule

ja masentaa ....
ja yö on pimeä ....
ja hiljainen ....
ja ystävät kaikki poissa,
nukkuvat, seikkailevat
kuumissa puutarhoissaan, kirotuissa (sinulle).

Hiiohoi, rämeikössä ollaan
ja kaikki päin hittoja näköjään.

Ei hätää!
Ota tanssiaskel
soita kaverille syöksy ulos soita
mene ovesta ja katsele
sitä lähintä, 12 605 673 202 502 400 askeleen päässä
päin sinua liekehtivää tähteä.

Ehkei tuudittavaa mutta vie mukavasti huomion
läikästä jolla olet mahtaillut.

Palaa sitten
levollisena oi niin
läpi ne erehdykset ja umpitiet joita olet
pelkällä silkalla tarmolla näkemättä kulkenut.

Miten runsaita kaaoksen aarteet!
Miten taivaan ja läheisyyden! Oman mielen!
Mihin tässä nyt uskoisi —
jokin ryhmysauva kai tarvitaan
johon nojata ja levätä.

Kun tulen ja veden vuorovedet
silkkaa vanhaa jättimäistä puhtiaan
vetävät teitä jalkojemme alta!

Näet kasvoillamme, käsissäsi, kesäpäivän hehkun,
talven valkean tulen näet, mikä todistaa
että elät, täällä missä et hajoa sumuksi
silkkaa mielikuvituksen holtittomuutta.

Tässä Tiedossa & Totuudessa
tässä teatterissa, kuvien julmassa sateessa
jossa paikat näytetään, nykyhetkeen ja ikuisuuteen
ja elämään keksitään siivo järjestys, jossa vapaa ilo
hyydetään juonteiksi poskille, sidotaan
        seremonioiksi ja valetaan metalliin,

rikkurina tuomitaan,

Ja me punomme varmuusköysiä
ja rakennamme pieniä puutarhoja
kiskomaan meidät takaisin jos putoamme.

Sillä voihan sattua — ei minulle tietenkään, eikä sinulle
(ei koskaan minulle tai sinulle)
vaan näille muille, heikkoverisille, pahoin johdatelluille
että jalka erehtyy väärin merkityille teille. Ja silloin

kerrokset romahtavat sisään
ja kulkija putoaa
    korpeen,
putoaa suljettujen ovien taa, alas
    putoaa
    putoaa
hänelle yksin valmistettuun
siivoon kivityskuoppaan.

Me
leiriydymme kuopan laidalle, heittelemme murikoita
suukottelemme, nauramme, syömme eväitämme
        ja heitämme pikkuisen lisää,

sinä ja minä. Nämä meidän yhteiset piirteemme.
Muovataan, ehostetaan, nostetaan painoilla, ruiskutetaan
työtä se on, eläminen.

Usko se, poikaseni tytöntylleröiseni
kyllä kuule kasvojasi kiljut
kun ne kerran kadotat.

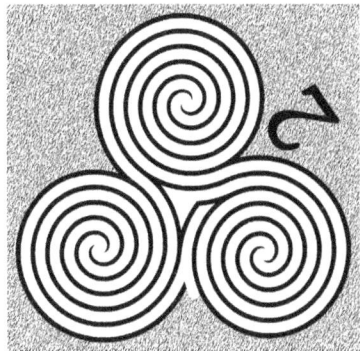

Kirjaviisautta #1

Harjoittelua
mielellään jokin sokea täplä
maustetaan esimerkiksi askeesilla
hiljaisuudella tai mikä parasta kaikista,
itsesyytöksillä.

Kirjaviisautta #2

Paljon tavallista läskiä
tai mitä vain raatoa
kuollut elukka käy tosiaan erinomaisesti
rasvainen ja kaikki oikein raskas;
tarjoillaan kylläisen hyvänahkaisuuden kera.

Kirjaviisautta #3

Otetaan liikkiöitä
tai jotain nopeita sittiäisiä
sitikoita tai nuolimyrkkyä, nopeata ja vahvaa;
paistetaan halvassa moottoriöljyssä,
sitten vain kovaa ajoa.

Kirjaviisautta #4

Roimasti tupakkaa
ja jotain vähintään satavuotiasta vanhaa vakaata
jokin fantastisen monitahkoinen kysymys
syöstäväksi silmärihlojen lävitse
suoraan toisten loogisiin koneisiin.

Kirjaviisautta #5

Poltetaan pohjaan hyvä tavara
saadaan pannukakku
tajutaan, että mikään tie ei johda
                    minnekään paitsi ehkä kuolemaan
tajutaan, että mihin riittää tieto siihen ei voima ja toisin päin
tajutaan, että mikä on rakasta on myös saavuttamatonta
tarkastellaan alistuneesti todellisuuden ylittämätöntä voimaa.

Tyyntä, liikkumatonta.

Kuin kuu lammessa, korkealta katsova
tähän lepoon, oman kodin atolliin
vesilasin kuultavaan pöydällä;
asuntojen kukkasuihkepullot, vessanpytyt
maidot purkeissaan, mittaavat tätä samaa pintaa.

Samanaikaisesti ulkona särkän ohitse murtautuvat aallot.

Etäällä putoavat suuret kivet
roiskuvat, laukovat kuultavassa vyöryviä kehiä
kehät laajenevat, kohtaavat, nousevat tylpiksi hyöyiksi.

Murtavat levon.

Suuret kivet, paadet, järkäleet
univormupukuiset herrasväet horisontissa
pudottelevat viran puolesta.

He ottavat rosoisia kimpaleita taskuistaan kohottavat kätensä
korkealle, niin korkealle kuin yltävät,
oikein varpailleen kurottautuvat ja irrottavat
antavat kivien tulla koko umpikivisellä painollaan

hyöyt saapuvat,

Valo kareilee yli kattojen
kireiden parvekkeiden ohitse
leimahtaa tokkuraisen pulun siipisulissa
kurottautuu alemmaksi ja syöksyy huoneeseen

täyttää sen nurkat,
pöydänalisen tilan, pölykerät sohvan takana
hämähäkkien ansat ja hiiren joka nakertaa

porkkananpalaa roskakorin vieressä

tikitys, saapuu havaituksi, alkaa enetä
olet mukana

laskeudut alas unikellostasi
vedät yllesi
velttoina lojuvia vaatteita, makkaroita, keräät tarpeet
ja kasaudut päivän vaatimiin asentoihin

kahvilaan
sisään
kupillinen ja silmäys työttömään päivyriin

istut pöydän ääreen luet lehden mustetahroja
vieraita uutisia vieraille ihmisille
juot mukavaa kahvia

vieressä ahavoitunut nainen uittaa pullaa kahvissa
hieraisee aina palasen haukattuaan käsiään yhteen, miksi
vierussohvalle tulee mies, tärisee, parta ja mies,
alkaa läikyttää kahviaan

vielä hiipii ovesta

laiha nainen, menee pelikoneelle;
hän pudottaa kourallisen kolikoita lattialle
pyytää mutisten anteeksi joltakulta ja alkaa koota -
viimeiset hän vetää jalalla pöydän alta

uutispuuro rasahtelee riks
ja raks

Juomasta imetty lämpö lähtee vaeltelemaan
kuppia hoivanneesta kädestä
löytää sormenpäät, kehottaa
niitä etsimään levottomia sointuja pöydänpinnasta

joko nyt,

sivut kahisevat, rytmi
tapailee silmiä ja ne katsovat

vuoroin ulos, liittyvät muiden laahustajien liikkeeseen,
vuoroin sisään etsien yön unen verhottua viestiä

voisit sinne
ja voisit tänne

joko, jo,
se saa sinut mukaansa, lähdet

ja ovi,
ja tie,
ja bussi, menet,
katselet ikkunasta podet salaista ikävää
kadun elämää niin kuin kuvaruudusta   aika vaeltaa
samaa liikettä bussin pyörien kanssa näet pisaroita lasissa
kaikki muutkin istuvat

ovat matkalla jonnekin, minne

Kivitalot ylös mustaan avaruuteen
piirittävät, joka puolella
märkä vesi putoaa pitkin ilman käytävää
ja takin kauluksia, kastelee kasvot

miehiä ja naisia
tulee vastaan
sateenvarjon suojaamina
ilman
he irvistelevät katukiville, katsovat
niitä pahoin ja harppovat ohi

yhdellä otsarypyt kuin iso V

kävelet sillalle ja jäät katsomaan itään
katulamppujen sohjoista, pimeyden rei'ittämää valoa
jota kohden autojen perät monikaistaisesti pakenevat

Vanha katkeillen kävelevä yksinäinen, raahustaa
ohitat hänet biljardisalin kohdalla, näet
hylättyjä pöytiä
yksi tarmokas hieroo köötä
kavereilla pakolliset tuopit

käännyt pois, kävelet
kurjia kadunpätkiä ja hyräilet jotakin elegistä

joukko hoilaavia lätkäfaneja kompuroi vastaan, ohittavat
työnnät märät kätesi syvemmälle taskuihin näin kuljet
yli märän kiveyksen valojen

ohi autioituneen kiinalaisen ravintolan
seisakkeelle missä pysähdyt miettimään jatkoa

vaunu tulee, ovet lotkahtavat auki
nouset sisään ja istut
kaikki muutkin istuvat ovat menossa jonnekin
mitään ei tapahdu
kukaan ei puhu
edetään

Sunnuntai, juot joulukuisen kupillisen teetä
pohdiskelet
                    nukahdat,
          säpsähdät hereille
     tyhjennät kupin
pukeudut
astut ulos
huomaat unohtaneesi laukun
palaat takaisin
                    liikut ajassa eli siirryt mielessäsi
          hetkeen jona astuit sittenkin liian riuskasti ulos
selattuasi läpi viimeisimmän unesi
sen teekupillisen jälkeen siis
myöhään ja sitä tuskin enää tavoittaen
ja nyt olet taas kävelemässä polulla
edempänä raakkuvia varisparvia kohti ohi
vesirajassa syntyneen, sulaneen, uudestaan jäätyneen jään,
tuulen pinoaman ja taas sulaneen
jonka äärellä sorsat räpiköivät karkuun nopeita askeliasi

jäät tuijottamaan miehiä jotka jakavat glögiä
soppakanuunan luona, verikauha päässä jokaisella
ympärillä hiljaisia isoäitejä perheitä pyhänä
lapset maistavat
ihan pieninkin vaunuissaan tahtoisi mutta äiti ei anna
lyhyet kädet ja tuoliin sidottu, mitäs
                    siinä voisi tehdä ei mitään

tämä on liian kuumaa minä puhallan
pieni tyttö sanoo toiselle,
minäpä lämmitän käsiäni toinen sanoo, pitää
muovimukia kämmeniensä välissä

tajuat että olet eksynyt
kaiken hyödyllisen
oikean
ja näköjään hauskan keskellä
sinä olet matkalla

Sitkeänä?
Tahtovana kammeta akselit kierroiltaan?
Itseäsi kiusaten,
kamppaillen sinua vierovaa varmuutta vastaan?

Ajattelet niitä miljoonia jotka uskovat
syntyvänsä uudestaan ja kulkevansa haihtuvaisten
ja hentojen ruumiiden astioiden lävitse
niin kuin lanka lävistää helminauhan

Mutta sinä et ole niin kevyt, sinä
tämän varmuuden lapsi
sinä sait aivan toiset kartat

Haihtuvainen ruumis seisoo väkijoukossa
kaikki katselevat
se sieppaa jonkun katseen väkijoukon ylitse
ei tiedä kenen ei tule koskaan tietämäänkään

se liikkuu
muiden joukossa, eksyy
lipsahtaa sinne jonnekin
mistä se aina diagnosoidaan takaisin
Todellisuuden Sosiaaliseen Rakenteeseen -

se havahtuu johonkin rykäisyyn
ylittää tien
kulkee monen kahvilan ohitse
ennen tätä johon se nyt pääsee

se asettuu istuvaan asentoon
löyhään mutta tihentyvään pieneen yhteisöön
        ja kohta
täällä on olemassa joku
siinä sivupöydässä
joka etsii seuraa
ja se olet sinä.

Vanha mies naapuripöydässä kohistelee lehteä
pudotat äänekkään lusikan mukiin

tarjoilija tulee kantaa astioitaan
vetää tuolin edestäsi, kiskoo
rämisee pitkin laatoitusta
nojailet käsitukeen, kuuntelet
kotoisaa hälinää joka leviää, kutsuu,
hiipuu kun tasapaino asettuu taas

ilmassa tuntuu olevan saumoja

sivupöydän passiivinen katse
näkee liikehdinnän alun ja lopun ja kuvittelee erottavansa myös
miten jostakin mielen oman ehkä syvyyksistä
ajatus nousee kuin kupla, ponnistelee pintaan
puhkeaa sanoiksi
äkilliseksi tarpeeksi verrytellä tai toimia

miten se leviää ilmaan
             ääniksi ja merkitystä säteileviksi eleiksi, vaikenee
katoaa seinien imemänä ehkä avaruuteen karaten
hermojen tauottomaan sävelradioon ja pään kohinaan
joka muihin näytöksiin katoaa, vielä niiden syynäkin

me synnytämme toisemme, muistat äkkiä

sitten pudotat sen
muistosi,
vahingossa,
lämpöisen kahvion hälinässä
  unohdat
koko jutun ja ihmettelet missä oikein olikaan
jokin arvoitus ratkaistavaksi
vai oliko missään
koskaan ollutkaan

Ovi on sulkeutunut
takana, kuljet kadulla osana toisia hukkuneena
pieneksi aivan anonyymiksi pisaraksi
liikkeenharjoittajien kirjanoppineiden
ja personal trainerien joukkoon

joista jokainen uskoo tietävänsä
missä kulkee ja kenen tajuntaa hallitsee

Jatkat
kohti suurtorin soihtujen joukkopaloa
siinä monia liikehtii vaimeasti vierekkäin peräkanaa
suunnaton jatkuvuus
eikä kadun lapsia ei klovneriaa ei näkymätöntä teatteria
ei ajatuksen äkillistä irtiottoa
yllättäen karnevalisoituvana eleenä, ei, outoa,

käännähdät kohti katua
kahta puolta matavaa lumihileisten palttoiden virtaa
alitse sähkövaloroikkien, tämän juhlan muodon lävitse
etsiytyäksesi halpaan baariin

nauttimaan kemiallista kadotusta
että olisit sinäkin sopeutunut,

juuri sopivasti turta ja hyvänsuopa
ja liikkeessä että turhantarkka olentosi
tästä kehityskulusta vielä tietoisenakin hukkuisi jonnekin
huvittuneisuuden laskoksiin

ja hidasta urkumusiikkia
ja salamoivia öitä
ja kapinaa kummituksia vastaan
niin kuin avaisit kevyen portin astut päivästä yöhön

ja sinä olet Historia
ja sinä olet Karuselli

tänään jalkojesi juuret maan sulaan sydämeen
tänään hiuksesi tähtitasangoilla
tänään ovat sinun
kansakuntien petokset ja itkut kiviin kirjotut
uhraat savuinen taivas todistajanasi

ja sinä olet kyklooppi
ja sinä olet käkikello

etkä sinä yhtään pelkää —

Maanantaina menet töihin
jos vaikka olet jossakin toimistossa, tiedäthän
voisit olla raksalla mutta voisit olla toimistossa
taistelemassa olemassaolosta
tai voisit olla
sivuraiteella, tuolla noin, tuossa pikku kopissa ei missään
eikä kukaan kuule sinusta eikä luultavasti tule kuulemaankaan

mutta olet nyt toimistossa, naps,
napsautat teksturin käyntiin ja alat kirjoittaa puhtaaksi kirjettä
kirjoitat, sylettää, etenet yli tyhjien

työtoveri tulee, käy aamiaisella, palaa
lopetat kirjoittamisen
pohdit mitä voisit pohtia jos jaksaisit
luetteloit mielessäsi tunteita joita saattaisit tuntea
istut
nuokuskelet
kitisevällä tekokuitupallillasi
huutaa haluaisit vaan et ihan uskalla
päätät lopulta livahtaa kävelylle

Ulkona valoa ja ilmaa, loistava päivä
palaat sisään
otat niskoillesi lastin koksia jonka johtaja kaataa päällesi
kumartelet, nyökistelet, kyllä se siitä
menet kahvilaan nokkimaan ja nokittavaksi
lounaalla keskustelette siitä ja siitä niin
ei varmaan kyllä ei niin
työstät kylmää tonnikalasalaattia
tunnet itsesi juraaiseksi fossiiliksi, kitiini rahisee
viimeinenkin energiankipinä lennähtää jonnekin
ilmastointihormien sokkeloihin

palaat
selaat lehteä
haukottelet
puret purukumia
tuijottelet asiallisen näköistä seinämaalia
lehdessä kerrotaan ihmeellisestä aanelosesta
(sen klooneja on miljardeittain kehitetyssä maailmassa
jokaisen mitat 210 x 297 millimetriä
suhde liki täsmälleen kahden neliöjuuri)
nyökyttelet päätäsi
ammuskelet kuminauhoja ja paperiluoteja ympäri huonetta
mapit hohottavat hyllyissään

havahdut bussissa joka heittää sinut

joku puhuu puhelimessa,
joku istuutuu sinun viereesi
ja heittää sinulle sairaskertomuksensa
joku tulee ikkunasta sisään moottoroituina sarjoina
näkökenttäsi laidalla vilahtaa värikäs lehdykkä, toinen,
mainosaita, sata metriä huutoa

rullaat ostamaan ruokaa, löydät kaupan, jonotat
ostat kohti kotia katujen surina ja kohina mukanasi
suljet sen oven taakse ja istuudut
koetat hidastaa mutta et onnistu

kuulet vahingossa radion
kaivurimme kävi purkamassa sinulta ullakon

Aivan tavallinen huone
sattuu nyt vain olemaan niin että se painaa
tänä yönä
hitaasti sen kattolaatta puristuu yllesi
se voisi olla otsaluusi.

Ilma on mustaa, yönpimeää lyijyä
hyvin painavaa, se liikkuu harteillasi
jauhaen sinua alemmaksi unohdettuihin kerroksiin
musertaa rintakehän, musertaa hengen, hämärtää silmät.

Pelastaudut ikkunan luo
avaat, lasi kääntyy sivuun kuin neste
näet mustat katot eikä mikään muutu
sisään valuu kylmää ja painavaa, likaista kaasua.

Yrität hengittää mutta et saa suutasi auki.

Kirjaviisautta #6

Otetaan muistijälkiä, haudutetaan
painekeittimessä (ettei poreilu näkyisi päälle)
taidoton maustaminen naamioidaan
jykevän kastikkeen alle.

Kirjaviisautta #7

Otetaan kori ja lähdetään torille
kerätään hiukan kultaisia muistoja ja katkeruutta (sitä samaa)
annetaan keitos tuulelle ja tulelle
poltetaan karrelle jokapäiväisessä valossa
maistetaan
jos pupillit kuristuvat pisteiksi kuulo saa huumaavan iskun,

tiedetään lisätä mausteita.

Kirjaviisautta #8

Tarkastellaan nenänpäätä
päästetään ravinteet läpi
jos seos jää pyörteilemään, röyhtäistään
helpotus on lyhytaikainen mutta tuntuva
eikä ongelma ole enää sinun.

Kirjaviisautta #9

Otetaan mitä saadaan
rakennetaan siitä mitä osataan
niin kuin seinäkello ilman heiluria
tai perinteisemmin: tanssitaan tervaa jalkapohjissa
voihan senkin tehdä liekittäen

koristeeksi kulkusia.

Kirjaviisautta #10

Valmistetaan kuten taloa
mistä tahansa mitä on käsillä, tunaroidaan,
korjataan
sisustetaan ja revitään taas, lisätään ehkä kuisti
tai portaat, toinen savutorvi
poistetaan yksi vanhentunut nurkkaus
toiseen nikkaroidaan erkkeri

puretaan koko roska ja aloitetaan alusta:
ensimmäinen hiekkakakku, lauta, kukkakehä

vähitellen voi laskea oppivansa kosketuksen,
joitakin akordeja, vieläpä maisemoinnin.

Hän kävelee tuota pitkää katua

pysähtyy kulmaukseen harkitsemaan
jatkaisiko vai kääntyisikö taas
hän kävelee touhukkaasti kädet sivuillaan
viuhuen etelään ohitse elokuvaluolan, katsoo sisään
oven läpi ei pysähdy katoaa
hetki,
ja hän kävelee ohitse yhtä tarmokkaasti
mutta päinvastaiseen suuntaan

jalkakäytävä päättyy, hän hidastaa
kysyy hattua nostavalla äänellä kelloa
lähtee ylittämään katua
pyörtää puolivälissä
loivasti kaartaen takaisin,
kulkee vielä hitaammin,
katselee taivaalle ja on kuin pelkäisi
kiinnittää silmänsä näyteikkunan takorautarykelmään
tähyilee katulamppuja suu hiukan avoimena

jatkaa, vilkaisee tyhjään porttikäytävään, hidastaa,
kiihdyttää,
risteyksessä näyttää jo kurkottavan
hengessään poikki kivetyn väylän ennen kuin lähtee
ylittämään sitä mutta ei sinne minne hän katsoi.

Voit

valita jonkin kuolleen historian
   mielellään idyllin
johon yrität puhaltaa henkeä,
voit kalustaa kotisi arkeologisilla löydöillä.

Voit unelmoida
kaiket päivät teoista joita et koskaan tee,
tai sanoista joita et tohdi lausua
voit mennä kadulle potkimaan ihmisiä kipeästi nilkkoihin
voit haudata itsesi kirjoihin ja elää kuoriaisena.

Voit unohtaa
miten varpaat tahtovat tanssia, ja miten ajatus etsii polkuja
voit unohtaa suun janon, ja korvan nälän ja silmän
voit syödä soppaa komerossa,
                     voit unohtaa olla paikalla
tuijottaa seinää, vaipua
videohypnoosiin
sohvanarkoosiin
viipyä tulla liian myöhään
herätä hitaasti
miettiä karkaamista
vuorata pesää pehmoiseksi

jäädä asemalla missä ei tapahdu mitään
katsoa edessä kiitävää tietä tai liukuhihnaa, voit
            joutua, koettaa oppia koneilta
omaa heikkouttasi vaalien niellä kysymyksesi
uniisi uskoen hukata ystäväsi, ja nehän ovat jo kadonneetkin
voit uskoen kadottaa ajatuksesi
ja voit saada pölyä sieraimiisi,

tämän kaiken voit.

Tiistaina menet töihin,
jos vaikka olet jossain tehtaassa, tiedäthän
voisit olla raksalla mutta voisit olla tehtaassa

Täällä sitä sentään tehdään työtä
roimasti kättä päälle vaan
sen teräksiseen ja emaliseen kouraan

Vaikka se silmätön,
kovakorvainen, välinpitämättömänä
meidän pienet kämmenemme murskaa, nikamamme
murtaa ja meidät tuhkaksi polttaa, äänemme rikkoo

Me miehet, me
naiset, sukkakoneissa, kansioprässeissä laulavat
me saimme apinankarvakainaloiden kurraavan ilon
me saimme taukotupakat, taivaan pimentävät, chilumit salaiset
ja lapsillemme me yrjösimme digitaalisen harmageddonin!

Mutta voi meidän pikkuisia jalkojamme!
Voi meidän pikku kätösiämme!

Miten ne tarttuivat
valubetoniin ja hukkuivat likaisiin lampareisiin
putosivat kerrostalojen kattoterasseilta ja ratkesivat
alhaalla odottavan aidan piikkeihin

Miten ne sotkeutuivat sorvien tankoihin, rusentuivat kasaan
luhistuviin ladanrunkoihin ja jäivät valittamaan viipyvää apua

Miten ne repeilivät panostehtaissa, miinakentillä
typpihapon syöminä tai venyivät naurettaviksi letkuiksi
takerruttuaan paperikoneiden teloihin
ja jäivät lojumaan säätimien päälle

Illalla kompassitölkki näytti vielä
pikaisesti mitä siellä oikein tapahtui

Kaikki on taltioitu
väreissä ja stereona
ja selostus on aina hyvin älykästä, tarkkaa, tarkkaa.

Kaduilla
kiiltävät, surisevat kuoriaiset
rapisuttavat panssareitaan ja vaeltavat
hermoiltaan kuolleina vanhoissa uomissaan

aivan kuin torakoiden valtakausi olisi jo tullut
edellisen, kädellisten pilaaman jälkeen

Tuska vaeltaa, kuten sen tehtävä on
joskus ohitse, joskus lävitse
ja kun se jää luokse se ystävystyy

Me olemme terästä ja lasia, he laulavat

Kuka laulaa?

Miehet nousevat katujoista,
rummuttamaan ruosteisilla lusikoillaan:
me olemme hylkytavaraa ja tunkioiden metaania
yhdessä sinun kanssasi me poljemme tätä kaasua
tätä tulivuorten valmistamaa maata
kunnes meitä ei enää silmä havaitse
eikä lumi kidesormiensa väliin tapaa

Silloin me ehkä olemme
vetyä ja höyryä
lunta ja rakeita lintujen siipiä
lintujen siipiä
siipiä, niitä lentäväisiä

Sinusta tuntuu
että et voi liikkua

ehkä et, mutta raajoissasi on vielä tunto
korkeajännite ryntää niissä
syö neuroneja,

muurahaiset
juoksevat ihosi alla
aivoissasi kiertää laajentuma,

kansainvälisten konglomeraattien heittopussi
späng
späng
senkin päärynäpussi

Pienet kärpäset
hyrisevät hiljaa tajuntasi rapistuneessa koneistossa, kuvat
tungeksivat ja repivät toisiaan
et kykene ajatuksiin

Rakeisten kuvien sarjatuli surmaa sinua
kaksikymmentä laukausta sekunnissa

liian nopeana sinulle joka et kykene liikahtamaankaan
et väistämään
et tunne niitä
varjoja edessäsi
alppijäätikönkylminä ne tulevat kiusaamaan sinun uniasi
etkä sinä kykene katkaisemaan tätä lähetystä
joka on etsattu sinun aivojesi seinämiin

käännyt hieman
läpi lumisateen tähyät nukkuvaa vierelläsi

sinun nelistävät silmäsi

vuosikymmenten kuvien tuli
on loimunnut niiden nurkkiin ja syönyt niistä valoa
johon ne tuntemasi ensimmäisen päivän sarastaessa syttyivät
vieläkin ne hohtavat himmeästi pimeässä luminenssiaan
mutta niitä kuorruttaa samea polyesterikalvo
jota te yhdessä, vitkaan
revitte
irti.

Et muista tätä ilmettä
et näitä hymykuoppia, et näitä korvia näin
kätesi ovat saaneet uudet silmät
ne näkevät nyt
enemmän mutta ne ovat myös karheammat

vaikea muistaa

niin kuin tarkentamattomassa unessa pehmeää ja hämärää
vielä eilen kutsuin sinua
tänään et tiedä tiedänkö ketä kosketan

häviää ilmeikkyys johon joskus pukeuduit
virta kantaa meitä, kuruihin ja keitaille
lähteille joita emme ehkä löydä enää
kun me palaamme kysymään   keitä me olimme

on opeteltava alusta aina alusta

Askelta edempänä

seinät eivät enää taitu
hohtavan taivaan etäisyyksiin
lattia ei pakene rakojensa pyörryttäviin syöksyihin
joihin jäisit katsomaan puuttuvaa lenkkiä hakien
kun olet tullut
tänne missä et vielä äsken tiennyt jo olleesi

Hitaasti
sinua on tuupittu tänne
tönitty ja vedetty, parrasta
hiuksista kikkelistä käsistä unista ilostasi uteliaisuudesta
kunnes käsität seisovasi sen laidalla
ja päätät löytää sen

Seinien, elämän rakenteiden läpi näet
miten nosturit tanssivat ja vaeltavat
kuoriaiset käyvät uneen
sähkö polttaa tiensä avaruuteen vihdoinkin, ja syksy

on synnyttänyt
sen kauan puhutun yönsä

Ja kun palaat joskus

ne nousevat taas, prinssit ja prinsessat
tulevien hallitsijoiden ilkeät airueet
vapautumisen hankkeet ja kysymys sinun paikastasi
kysymys kysymyksen paikasta

tajunnat, rattaiksi rutistuvat, jakamaan eroon
miehiä ja naisia
eläimiä ja ihmisiä
järjestystä ja virtaa siitä vapautunutta
jonkun pakoventtiilin lähes umpeen ruostuneen

ja aloitat uudelleen
kavahdat vierasta iestä, valjastat itse itsesi
luot teatterin, sijoitat hahmot joita päivä tuo
annat uudet, paremmat sanat.

—

Helsingin Linnunlaulussa
90-luvulla — J.K.

www.ingramcontent.com/pod-product-compliance
Lightning Source LLC
Chambersburg PA
CBHW021145020426
42331CB00005B/899